BEI GRIN MACHT SI(
WISSEN BEZAHLT

Sebastian Heinrich

"Gastarbeiter" in BRD und DDR

Wohn- und Arbeitsbedingungen im Vergleich

GRIN Verlag

Bibliografische Information der Deutschen Nationalbibliothek:

Die Deutsche Bibliothek verzeichnet diese Publikation in der Deutschen National-
bibliografie; detaillierte bibliografische Daten sind im Internet über http://dnb.d-
nb.de/ abrufbar.

Impressum:

Copyright © 2005 GRIN Verlag GmbH
Druck und Bindung: Books on Demand GmbH, Norderstedt Germany
ISBN: 978-3-640-39372-5

Dieses Buch bei GRIN:

http://www.grin.com/de/e-book/133022/gastarbeiter-in-brd-und-ddr

GRIN - Your knowledge has value

Der GRIN Verlag publiziert seit 1998 wissenschaftliche Arbeiten von Studenten, Hochschullehrern und anderen Akademikern als eBook und gedrucktes Buch. Die Verlagswebsite www.grin.com ist die ideale Plattform zur Veröffentlichung von Hausarbeiten, Abschlussarbeiten, wissenschaftlichen Aufsätzen, Dissertationen und Fachbüchern.

Besuchen Sie uns im Internet:

http://www.grin.com/

http://www.facebook.com/grincom

http://www.twitter.com/grin_com

Freie Universität Berlin

Spezielle Soziologie

Prüfungsleistung zum

Vordiplom Soziologie

Sommersemester 2005

Hausarbeit:

„Gastarbeiter" in BRD und DDR –
Wohn- und Arbeitsbedingungen im Vergleich

Heinrich, Sebastian

Diplomstudiengang Soziologie

Beifächer: Politik- und

Kommunikationswissenschaften

6. Semester

Abgabe: 18.08.2005

Inhaltsverzeichnis

1. Einleitung

Die Umstände, unter denen Arbeitsmigranten in der Deutschen Demokratischen Republik und in der Bundesrepublik Deutschland lebten und arbeiteten, werden von der Öffentlichkeit oft als sehr verschieden wahrgenommen. Auf der einen Seite steht ein totalitäres System, dass den Migranten nur einen kurzen aber arbeitsintensiven Aufenthalt unter dem ideologischen Deckmantel des „sozialistischen Aufbaus" gewährte und sie nach getaner Arbeit bedingungslos in ihre Heimat zurückschickte. Auf der anderen Seite die freie BRD, Traumland für viele Arbeitsmigranten. Hier wurden Arbeitskräfte gebraucht, es wurde „ordentlich" bezahlt, es existierten schon Netzwerke von ausländischen Arbeitern und von der Anreise über den Wohnheimplatz bis zur eigentlichen Arbeitsstelle war alles geregelt. Wer dann ersteinmal den Fuß in der Tür hatte, konnte sich vom Ersparten eine eigene Existenz aufbauen und die Familie nachholen.

Wie ich in der vorliegenden Arbeit zeigen möchte, waren aber trotz der eminenten Systemdifferenzen zwischen DDR und BRD weder die Gründe für die Anwerbung von Arbeitsmigranten, noch die Bedingungen unter denen sie im „Gastland" lebten völlig unterschiedlich. Genauer eingehen möchte ich dabei – nach einem historischen Abriss der Migrationsgeschichte in den beiden Staaten – auf Arbeitsbedingungen und Wohnsituation der Migranten. Es soll vergleichend dargestellt werden, wie sich die Lebens- und Arbeitsumstände gestalteten und welche Rolle das jeweilige politische und wirtschaftliche System dabei spielte. Ich beziehe mich bei der Gegenüberstellung vornehmlich auf den Zeitraum der aktiven Anwerbung von Arbeitsmigranten, der in der BRD von 1955 bis 1973 und in der DDR von 1957 bis 1989 anzusetzen ist.

2. Ursachen und Ziele der Arbeitskräftewanderung

Um die Lebens- und Arbeitsbedingungen von Migranten sowohl in der BRD als auch in der DDR untersuchen zu können, ist es notwendig, sich den Gründen der Arbeitskräftewanderung und den Zielen, die Regierungen, Wirtschaft und die Migranten selbst mit den Wanderungen verbanden, zuzuwenden.

3

2.1. Deckung von Spitzenbedarf – „Gastarbeiter" in der BRD

Mit dem wachsenden Wohlstand der bundesrepublikanischen Nachkriegsgesellschaft stieg auch ihr Arbeitskräftebedarf, das „Wirtschaftswunder" brauchte Arbeiter, die aufgrund des strukturellen und regionalen Arbeitskräftemangels in der BRD jedoch kaum noch zu finden waren. Dieses Problem wurde verschärft durch die Wiedereinführung der Wehrpflicht 1957 sowie die wieder anlaufende Rüstungsproduktion; der Zustrom von Vertriebenen und DDR-Bürgern konnte den Mangel nicht ausgleichen. Zwar konnte von Vollbeschäftigung keine Rede sein, aber inländische Erwerbssuchende konnten es sich nun leisten, harte körperliche und gering bezahlte Tätigkeiten abzulehnen, darüber hinaus befürchtete das Wirtschaftsministerium unter dem späteren Bundeskanzler Ludwig Erhard, dass Betriebe untereinander in Konkurrenz treten und verstärkt Lohnzugeständnisse an die verbliebenen potentiellen Arbeitskräfte machen müssten.

Deshalb begann die Bundesrepublik in den 1950er-Jahren, mit dem Argument, der Bedarf an Arbeitskräften wäre mit anderen Mitteln nicht mehr zu decken, so genannte „Gastarbeiter" aus südosteuropäischen Ländern anzuwerben. Gedacht war diese Maßnahme zur kurzfristigen Überbrückung der Knappheit an Arbeitern, ein entsprechendes Anwerbeabkommen wurde 1955 mit Italien, später u.a. mit Spanien und Griechenland (1960), der Türkei (1961), Portugal (1964) und Jugoslawien (1968) geschlossen. 1950 lebten 72 000 ausländische Arbeitskräfte in Westdeutschland, 1959 waren es bereits 166 000 und 1966 1,3 Mio.[1] Ein wichtiger Grund für die aktivere Anwerbung zu Beginn der 1960er-Jahre war der Mauerbau 1961, der den Zuzug ostdeutscher Arbeiter unterband. Daneben machten sich demographische Entwicklungen in der deutschen Bevölkerung bemerkbar, die zum starken Rückgang der Erwerbstätigenzahlen führten. Gründe hierfür waren die geburtsschwachen Kriegsjahrgänge, die Senkung der Wochenarbeitszeit und des Rentenalters sowie eine längere Ausbildungszeit. 1973 lebten 4 Mio. ausländische Bürger in der BRD, davon waren 2,6 Mio. beschäftigt. Gegen Ende der 1960er-Jahre verlor das Rotationsprinzip, das die Rückkehr der Gastarbeiter in ihre Herkunftsländer beinhaltete, an Akzeptanz und wurde seltener durchgesetzt. Aufenthaltsgenehmigungen konnten nun leichter erreicht werden und es kam häufiger zum Familiennachzug.

---

[1] Münz, Rainer; Seifert, Wolfgang; Ulrich, Ralf: Zuwanderung nach Deutschland, S.43

Das Wirtschaftswachstum setzte sich jedoch nicht wie erwartet fort, der Ölpreis erreichte 1973 ungeahnte Höhen, es kam zur Rezession. Arbeitsmigranten wurden plötzlich als ökonomische Gefahr gesehen und die Bundesregierung verhängte einen Anwerbestopp. In den folgenden Jahren sank die Zahl der ausländischen Erwerbstätigen auf 1,8 Mio. (1979), die Zahl der in der BRD wohnenden Ausländer stieg dagegen – auch bedingt durch den Familiennachzug - auf 4,7 Mio. Der als restriktive Maßnahme gedachte Anwerbestopp trug dazu bei, aus der fluktuierenden Menge der Arbeiter auf Zeit eine feste Einwandererminorität zu formen.

Die *Pull-Faktoren* – also die Gründe dafür, dass über Jahrzehnte hinweg Millionen von ausländischen Arbeitssuchenden gerade Westdeutschland zu ihrer neuen Heimat machten – beinhalteten vor allem, dass im Gegensatz zu anderen europäischen Ländern ein großes, wenn auch nicht vielfältiges Stellenangebot vorhanden war, die Anwerbestellen den Migranten die aufwändige Arbeitssuche vor Ort abnahmen und die Bezahlung, jedenfalls im Vergleich zu den Heimatländern, relativ hoch war. Als *Push-Faktoren*, d.h. die Umstände, die Migranten zum Verlassen ihrer Herkunftsländer motivierten, sind Krisen der heimatlichen Wirtschaft, in manchen Fällen auch politische Instabilität oder gar Verfolgungen zu nennen.

2.2. Hilfe beim Aufbau des Sozialismus – Arbeitsmigranten in der DDR

Auch die DDR hatte in den 50er-Jahren mit einem Mangel an Arbeitskräften zu kämpfen. Dieser ergab sich hauptsächlich aus der Emigration von DDR-Bürgern, bis zum Mauerbau 1961 war der Wanderungsverlust mehr als doppelt so hoch wie der natürliche Bevölkerungszuwachs. Des Weiteren erhöhte sich das Ausbildungsniveau der ostdeutschen Bevölkerung, so dass sich kaum noch Arbeiter für gering-bezahlte und unqualifizierte Tätigkeiten fanden. Aus diesen Gründen änderte sich die wegen der negativ besetzten Beispiele – die „Gastarbeiter" in der BRD und „Fremdarbeiter" im Nationalsozialismus" – anfangs ablehnende Haltung der DDR-Regierung gegenüber ausländischen Arbeitern und 1957 kam es mit der VR Polen zum ersten bilateralen Vertrag zum Arbeitskräfteaustausch. Es folgten Abkommen mit anderen sozialistischen Ländern, 1989 waren Arbeiter u.a. aus Vietnam (60 000), Polen (52 000) Mosambik (16 000), der Sowjetunion (15 000), Ungarn (13 000) und Kuba (8000) in der DDR tätig. Die Gesamtzahl der Ausländer in Ostdeutschland lag mit 191 000 (1% der erwerbstätigen Bevölkerung) deutlich unter dem Niveau der BRD, trotzdem kam der DDR die Führungsrolle bei der

Ausländerbeschäftigung innerhalb der Mitgliedsländer des *Rates für gegenseitige Wirtschaftshilfe* (RGW) zu[2].

Stärker als im Westen fand in der DDR das Rotationsprinzip Anwendung, ausländische Arbeitnehmer mussten je nach vertraglicher Vereinbarung mit den Herkunftsländern nach in der Regel zwei bis fünf Jahren in ihre Heimat zurückkehren, eine Verlängerung der Aufenthaltsdauer war kaum möglich. Familiennachzug war auch wegen der strukturellen Wohnungsknappheit ebenfalls nicht vorgesehen.

Die Migranten erhofften sich von einer Anstellung auf Zeit in der DDR vor allem einen höheren Lohn als in ihren Herkunftsländern, wichtig waren für viele von ihnen aber auch die Qualifizierungsmöglichkeiten und das Erlernen der deutschen Sprache. Neben diesen *Pull-Faktoren* existierten auch *Push-Faktoren*, die Lebensbedingungen waren in vielen RGW-Staaten schlechter als in der DDR, und die Entsendung von Arbeitskräften war für viele Regierungen ein beliebtes Mittel, um systemkritische Bürger zumindest temporär „loszuwerden".

2.3. Fazit

Zusammenfassend lässt sich sagen, dass die *Push-* und *Pull-Faktoren* für eine Migration nach West- oder Ostdeutschland einander ähnelten. An erster Stelle lockten bessere Bezahlung sowie Lebensbedingungen die Arbeitsmigranten, politische und wirtschaftliche Schwierigkeiten in den Heimatland waren Druckfaktoren. Wenn sich die Anwerbung ausländischer Arbeiter in Ost und West auch auf quantitativ unterschiedlichen Niveaus abspielte, so glichen sich die wirtschaftliche und politische Intention in BRD und DDR doch stark. Hier galt es, das „Wirtschaftswunder" weiterhin florieren zu lassen, dort das Projekt Sozialismus zu verwirklichen. Arbeitsmigranten spielten in beiden Systemen die gleiche Rolle: Sie konnten kurzfristigen Arbeitskräftemangel überwinden helfen, waren flexibel einsetzbar auch in Bereichen, für die sich wegen schlechter Arbeitsbedingungen keine Einheimischen mehr fanden und erhöhten durch Steuer- und Beitragszahlungen den allgemeinen Wohlstand des jeweiligen Aufnahmelandes.

---

[2] Bade, Klaus J.; Oltmer, Jochen: Normalfall Migration, S.93

3. Arbeitsbedingungen

Die Arbeitsbedingungen determinierten den Charakter des zeitweiligen oder dauerhaften Aufenthaltes der Arbeitsmigranten im Aufnahmeland und sollen deshalb im Folgenden vergleichsweise in West- und Ostdeutschland untersucht werden. Dabei soll insbesondere auf die Art der ausgeübten Tätigkeiten und Karrieremöglichkeiten der Migranten, sowie die Segmentierung des Arbeitsmarktes eingegangen werden.

3.1. Hohes Risiko und wenig Chancen – Migranten in Westdeutschland

Wie bereits eingangs erwähnt, war zur Zeit des ersten Anwerbevertrages der BRD mit Italien keineswegs eine Vollbeschäftigung inländischer Arbeitnehmer erreicht, vielmehr nahmen die über 1 Mio. Arbeitslosen offene Stellen, die vorwiegend mit harter körperlicher Arbeit und gesundheitlichen Risiken sowie schlechter Bezahlung verbunden waren, nicht an. Durch die Anwerbung italienischer und später anderer ausländischer Arbeiter wurden diese Arbeitsplätze besetzt, es kam zur sektoralen Konzentration von ausländischen Arbeitskräften im Baugewerbe und in der Metallbranche. 1973 arbeiteten 75% der „Gastarbeiter" in diesen Bereichen[3]. Diese Segmentierung des Arbeitsmarktes nach kulturellen Linien wird in der Theorie des *Split Labor Market* der amerikanischen Soziologin Enda Bonacich als *Cultural Division of Labor* bezeichnet und ist eine der Ursachen für den ethnischen Antagonismus zwischen Einheimischen und Migranten im Aufnahmeland[4].

Die Bedingungen für „Gastarbeiter" an ihren Arbeitsplätzen waren meist schlecht. Durch Jahresverträge an einen bestimmten Betrieb und meist unterdurchschnittlichen Lohn gebunden, mussten sie sich mit der jeweiligen Arbeitssituation abfinden, ein Wechsel war vor Ablauf der Frist nicht möglich, ohne die Arbeitsgenehmigung zu riskieren. Die Angst vor dem Verlust der Aufenthaltserlaubnis sorgte dafür, dass nur selten die Arbeitsgerichte in Anspruch genommen und z.T. katastrophale Bedingungen wie hohe Gesundheitsrisiken und härteste körperliche Arbeit für geringe Bezahlung in Lackiereien, Metallgießereien und im Bergbau akzeptiert wurden. Ein Indiz für die gefährlichen Umstände, unter denen „Gastarbeiter" tätig waren, ist die Unfallquote, die 1970 mit 21,9 % mehr als doppelt so hoch lag wie bei Deutschen (8,7%)[5].

---

[3] Herbert, Ulrich: Geschichte der Ausländerpolitik in Deutschland, S. 213
[4] Han, Petrus: Soziologie der Migration, S. 239
[5] McRae, Verena: Die Gastarbeiter, S. 73

Nach einer Untersuchung aus dem Jahr 1985[6] waren 65,4% der ausländischen Arbeitnehmer in un- oder angelernten Arbeiterpositionen tätig, 20,8% hatten eine Stellung als Fach- oder Vorarbeiter, nur 10,4% waren Angestellte. Von deutschen Erwerbstätigen waren 30% der Männer und 60% der Frauen als Angestellte beschäftigt. Die Aufstiegschancen ausländischer Arbeitnehmer vom Arbeiter zum Angestellten sind dabei extrem klein, zwar konnten 40,2% ihre Position innerhalb der Arbeitertätigkeit verbessern, aber nur 30% der Aufsteiger gelangte in Fach- oder Vorarbeiterpositionen. Hier wird eine strukturelle Benachteiligung von Arbeitsmigranten deutlich, viel häufiger als einheimische Erwerbstätige besaßen sie einen niedrigen Status, meist verbunden mit monotoner Fließbandarbeit im Akkord und Schichtsystem, und hatten geringe und eng begrenzte Aufstiegschancen.

Für die Arbeitgeber und nicht zuletzt die westdeutsche Bevölkerung zahlte sich die Anstellung von Gastarbeitern in hohem Maße aus. Der Hauptvorteil war die Mobilität der Migranten, zielgerichtet konnte dem Arbeitskräftemangel in bestimmten Sektoren entgegengewirkt werden, mit der expliziten Möglichkeit, bei eventuell wieder steigender Arbeitslosigkeit die Arbeitsverträge auslaufen zu lassen. Für Sozialversicherungen und Finanzamt war der Migrant ein idealer Arbeitnehmer, er hatte eine umfangreiche Gesundheitsprüfung hinter sich und war in der Regel zwischen 20 und 40 Jahren alt, d.h. die Inanspruchnahme von Leistungen der Sozialversicherung war unwahrscheinlich, trotzdem wurden Beiträge wie auch Lohnsteuer in voller Höhe gezahlt. Allein der Überschuss der von „Gastarbeitern" gezahlten Beiträge in die Rentenkasse entlastete die BRD-Bürger jährlich um über 1 Mrd. D-Mark[7].

3.2. Schichtarbeit als Freundschaftsdienst für die DDR

Die offizielle Terminologie der DDR in bezug auf Arbeitsmigranten spricht von „Freunden" die „bei der Lösung unserer volkswirtschaftlichen Aufgaben [helfen] und damit gleichzeitig den Gesamtzuwachs des Sozialismus [mehren]", sie „üben in unseren Betrieben die Berufe qualifizierter Fachkräfte aus" und „sind uns in jedem Falle echte Partner". Dies wurde als der

---

[6] Repräsentativuntersuchung `85 der Friedrich-Ebert-Stiftung in: Fijalkowski, Jürgen (Hg.): Transnationale Migranten in der Arbeitswelt, S. 123
[7] Herbert, Ulrich: Geschichte der Ausländerpolitik, S.224

Gegensatz zu den „Sklaven des 20. Jahrhunderts", den Arbeitsmigranten in Westdeutschland verstanden[8].

In der Realität waren aber auch die „Freunde" nur in denjenigen Sektoren eingesetzt, für die sich DDR-Bürger kaum interessierten. Zu 75% arbeiteten die Arbeitsmigranten im Schichtdienst, meist in der Produktion unter harter physischer und psychischer Belastung.

Die Bedingungen waren teilweise derartig schlecht, dass einige Länder verstärkt für ihre in der DDR arbeitenden Bürger eintreten mussten. So richtete die ungarische Regierung eine *Sonderabteilung für Arbeitswesen* in Ost-Berlin ein, nachdem es wiederholt zu Klagen über versprochene aber nicht vorhandene Stellen sowie falsche Arbeitsplatzbeschreibungen, nicht qualifikationsgerechte Tätigkeiten und unerfüllte Verdiensterwartungen gekommen war. Algerien zog Anfang der 80er-Jahre seine gesamten Arbeiter aus der DDR ab, nachdem es ein Gesetz gegen Ausbeutung algerischer Staatsbürger durch andere Länder verabschiedet hatte. Eine *Cultural Division of Labor* ist also auch in der DDR die Norm, abzulesen ist dies gleichermaßen an der Tatsache, dass ausländische Arbeiter den höchsten Lohn für Tätigkeiten bekamen, die in so genannten „Kolonnen" an speziellen Projekten auszuführen waren, und damit die Segregation gefördert wurde.

Die Arbeitsbedingungen wurden in bilateralen Abkommen zwischen der Regierung der DDR und den Entsendeländern festgelegt, sie enthielten konkrete Vereinbarungen über Beschäftigungsdauer und Betrieb, Bezahlung und Möglichkeiten zur Auflösung des Arbeitsvertrages. Die Betriebe selbst hatten kaum Mitspracherecht bei der Gestaltung der Verträge, diese wurden fast ausschließlich vom *Staatssekretariat für Arbeit und Löhne* gemacht. Meist kam ein Stufenplan zur Anwendung, der einen Deutschkurs, Ausbildungs- und/oder Einarbeitungszeit und dann die eigentliche Tätigkeit vorsah. Nach zwei bis fünf Jahren war getreu dem Rotationsprinzip die Heimreise anzutreten, Aufstiegschancen außerhalb des vertraglichen Rahmens waren damit nicht gegeben.

---

[8] Junge Welt (28.9.1972) in: Bade, Klaus J.; Oltmer, Jochen: Normalfall Migration, S. 93

3.3. Fazit

Man kann also erkennen, dass gleiche Gründe für die Anwerbung von Arbeitsmigranten, nämlich das Füllen von wenig begehrten Lücken im Arbeitsmarkt mit Menschen, die es sich nicht leisten konnten zu klagen, in so unterschiedlichen weltanschaulichen Systemen wie BRD und DDR zu sehr ähnlichen Arbeitsbedingungen führten. In beiden Staaten waren Migranten im Rhythmus der Konjunktur zum übergroßen Teil in Positionen eingesetzt, die wenig Qualifikation voraussetzten, gering bezahlt waren, aber hohe körperliche Belastungen und eine Gefährdung der Gesundheit mit sich brachten. Da die *Cultural Division of Labor* über die sektorale Konzentration der Migranten am Arbeitsmarkt bereits in diesem Prinzip der Anwerbung verankert war, wurde in beiden Staaten die Herausbildung ethnischer Antagonismen begünstigt, die zu Diskriminierung und Rassismus führten. Dafür lassen sich in Ost und West etliche Beispiele anführen, etwa die gewaltsamen Zusammenstöße von Mosambikanern mit DDR-Bürgern[9] oder die alltägliche Diskriminierung der „Gastarbeiter" in Westdeutschland durch Segregation in fast allen Lebens- und Arbeitsbereichen.

Eine weitere Gemeinsamkeit, welche die Arbeitsmigration in DDR und BRD kennzeichnete, war die meist blinde Akzeptanz von Arbeitsverträgen, welche die Migranten an einen bestimmten Arbeitsplatz banden, ohne dass sie vorher ausreichend über die Tätigkeit und die Arbeitsbedingungen informiert worden waren. Die freie Wahl des Arbeitsplatzes war, zumindest für die erste Zeit, nicht vorgesehen und gemäß der Intention hinter der Anwerbung von Arbeitsmigranten auch nicht wünschenswert.

4. Unterbringung

Neben den Arbeitsbedingungen ist die Unterbringung der Arbeitsmigranten ein weiteres Bestimmungselement ihres zeitweisen oder dauerhaften Aufenthaltes im Aufnahmeland. Hier sollte Regeneration stattfinden können und eine Rückzugsmöglichkeit ins Private gegeben sein. In Westdeutschland waren es Berichte über die Unterkünfte von Migranten, nicht deren Arbeitsbedingungen, die die bundesrepublikanische Öffentlichkeit auf das Phänomen „Gastarbeiter" aufmerksam machte. Deshalb soll im Folgenden die Wohnsituation von Migranten in BRD und DDR auf Unterschiede und Gemeinsamkeiten hin untersucht werden.

---

[9] Krüger-Potratz, Marianne: Anderssein gab es nicht. Ausländer und Minderheiten in der DDR, S. 161

4.1. BRD – Kasernierung und Profit

Seit Beginn der Anwerbung stellte sich in der BRD die Unterbringung der Migranten wegen der herrschenden Wohnungsnot als Problem dar. Auch aus politischen Gründen – eine bessere Wohnungsversorgung hätte Familiennachzug gefördert und die Flexibilität der „Arbeitsreserve Gastarbeiter" in Frage gestellt – wurde ein staatlich subventionierter Wohnungsbau für Migranten immer wieder hinausgeschoben. So erfolgte die Unterbringung für ca. 70% der „Gastarbeiter" vorerst in Barackenlagern auf dem Gelände ihres jeweiligen Betriebes, der vertraglich zur Unterbringung im ersten Jahr verpflichtet war[10]. Diese Lager waren meist umzäunt und für Besucher kaum zugänglich, selbst die Bewohner konnten ihr Zuhause nur zu bestimmten Zeiten betreten und verlassen. Der Zustand und die Anzahl sanitärer Anlagen waren üblicherweise mangelhaft, Privatsphäre auf den Zimmern durch Überbelegung und unangekündigte Inspektionen durch die Werksleitung nicht vorhanden. Die Richtlinien für die Quartiere waren im *Gesetz über die Unterkunft bei Bauten* (1934) geregelt, dass sich auf die „notwendigsten Voraussetzungen bei Baubuden, Notunterkünften und Baracken"[11] bezog.

Die „Kasernierung" verstärkte die Abhängigkeit vom und die Kontrolle durch den Arbeitgeber. Dieser nutzte seine Macht auch, um politische oder gewerkschaftliche Aktivitäten der „Gastarbeiter" zu verhindern. Günter Wallraff berichtet von der Furcht vor „der bedenklichen ideologischen Beeinflussung im Sinne des kommunistischen Klassenkampfes"[12], die dazu führte, das Arbeiter systematisch vom Betrieb bespitzelt wurden. Schon das Anbringen eines nicht-genehmigten Plakates auf dem Zimmer konnte zur Ausweisung aus dem Wohnheim und Verlust des Arbeitsplatzes sowie Ausweisung führen.

Auf dem freien Wohnungsmarkt waren Arbeitsmigranten dagegen der „Profitsucht gewissenloser Vermieter hilflos ausgeliefert"[13], die meisten Zimmer waren grundsätzlich nicht an Migranten zu vergeben, die übrigen waren aufgrund ihres Zustandes für Deutsche nicht zumutbar und wurden zu Wucherpreisen an Ausländer vermietet. Diese mussten „in Abbruchgebäuden, ehemaligen Werkshallen, Garagen, zugigen Holzbaracken und feuchten

---

[10] Wallraff, Günter: Neue Reportagen, S. 61
[11] Wallraff, Günter: Neue Reportagen, S. 61
[12] ebd.
[13] McRae, Verena: Die Gastarbeiter, S. 40

11

Kellern, auf engstem Raum zusammengepfercht" wohnen[14]. Das Handelsblatt schrieb 1967 über eine dieser Unterkünfte: „In einem Raum von nicht mehr als 15 Quadratmetern hausen sechs türkische und griechische Gastarbeiter. Übereinander und eng zusammengerückt stehen die Betten; alle Männer liegen schon, obwohl es gerade erst halb neun ist. Aber was sollen sie in diesem Loch anders anfangen?"[15]

Der Druck, ein Zimmer zu bekommen, war enorm, da die Aufenthaltsgenehmigung an einen ständigen Wohnsitz gebunden war. In den 80er-Jahren entspannte sich die Situation durch staatliche Eingriffe etwas, allerdings wohnten die meisten Migranten nun in billigen Mietwohnungen, die – z.b. durch den baulichen Zustand oder schmutzige und laute Umgebung – eine mindere Wohnqualität aufwiesen und verstärkt in Fabriknähe oder innerstädtischen Sanierungsvierteln zu finden waren.

4.2. DDR – Segregation in Werkswohnungen

Die Unterbringung der Arbeitsmigranten in der DDR erfolgte fast ausnahmslos kollektiv in zu Werkswohnungen umgebauten Neubauwohnungen. Diese verfügten meist über Zwei- bis Vier-Bettzimmer mit Badezimmer und Küche, gruppenweise konnten Fernsehräume, Krankenzimmer und Besuchersalons genutzt werden. Laut Regierungsabkommen standen jeder Person mindestens fünf Quadratmeter Wohnfläche zu.

Meist befanden sich die Unterkünfte weit entfernt von den Stadtzentren, so dass Kontakte mit Einheimischen, die Sand ins Getriebe des Rotationssystems hätten bringen können, selten waren. Die „segregative Eingliederung auf Zeit"[16] sollte die Migranten einerseits entlasten, da die Mühen der Wohnungsbeschaffung auf einem knappen Markt und unter möglicherweise diskriminierenden Bedingungen entfielen. Andererseits ermöglichte die kollektive Unterbringung – wie auch die kollektive Organisation der Arbeit – eine leichtere Steuerung und Kontrolle der Gruppe. Die „ausgeprägte Randständigkeit"[17] der Arbeiter war also gewünscht, „schikanöse Kontrollen, die Begrenzung von Besuchszeiten oder die Verwehrung des freien

---

[14] ebd.
[15] Herbert, Ulrich: Geschichte der Ausländerpolitik in Deutschland, S. 215
[16] Krüger-Potratz, Marianne: Anderssein gab es nicht. Ausländer und Minderheiten in der DDR, S. 178
[17] Geißler, Rainer: Die Sozialstruktur Deutschlands, S. 305

Zugang zu den Wohnheimen für ‚Unbefugte'" [18] Mittel ihrer Durchsetzung. Ständige Kontrollen und die Isolierung von der Außenwelt übten einen so starken psychischen Druck auf die Bewohner aus, dass es zu Alkoholismus und Suiziden kam.

4.3. Fazit

In beiden Ländern war die Wohnsituation der Arbeitsmigranten über die gesamte aktive Anwerbephase hinweg miserabel. Ausländische Arbeiter mussten in Unterkünften leben, die aufgrund der baulichen Beschaffenheit, Überbelegung und Schikanen der Heimleitung keinerlei Möglichkeit für Regeneration oder ein wenig Privatsphäre ließen. Eine Folge der Heimunterbringung war die gewollte Isolation und Kontrolle der Arbeiter, denen wegen des Abhängigkeitsverhältnisses zur Heimleitung – die meist mit der Werksleitung identisch war – ein Aufbegehren gegen die Wohnverhältnisse nicht möglich war. Hinzu kam in der BRD, dass sich Migranten nach dem ersten Jahr, für das der Betrieb vertraglich bedingt einen Wohnheimplatz zur Verfügung stellte, auf dem freien Wohnungsmarkt, auf dem sie gegenüber Deutschen diskriminiert und benachteiligt wurden, bewähren mussten und dabei Profiteuren schutzlos ausgeliefert waren. So konnte es unter Umständen zu weit schlechteren Wohnbedingungen als in der DDR kommen, wo ein Wohnheimplatz mit Mindeststandard für die gesamte Aufenthaltsdauer gesichert war.

Hier wie dort war aber führte die Konzentration von Migranten in Wohnheimen oder bestimmten Stadtteilen zu erhöter „visibility" (Sichtbarkeit). Dies aktivierte bei vielen Einheimischen kulturelle Stereotype und vermittelte ein diffuses Bedrohungsgefühl, das zum Nährboden von Ausgrenzung, Diskriminierung und offenem Rassismus werden konnte [19].

5. Resümee

Wie ich bis hierher dargestellt habe, ist es nicht gerechtfertigt, aus den unterschiedlichen politisch-wirtschaftlichen Ordnungen der Staaten BRD und DDR auf einen grundsätzlich verschiedenen Umgang mit Arbeitsmigranten zu schließen. Aus dem Blickwinkel beider Regierungen dienten die ausländischen Arbeiter als „fungible Reservearmee" [20], obwohl die

---

[18] Krüger-Potratz, Marianne: Anderssein gab es nicht. Ausländer und Minderheiten in der DDR, S. 178
[19] Han, Petrus: Soziologie der Migration, S. 233
[20] Herbert, Ulrich: Geschichte der Ausländerpolitik in Deutschland, S. 215

offiziellen Gründe systembedingt unterschiedlich lauteten: die DDR suchte angeblich den Arbeits- und Wissensaustausch mit befreundeten Ländern, um ein gemeinsames Ziel, nämlich den sozialistischen Fortschritt, zu verwirklichen. Bundesrepublikanische Interessen lagen im Erreichen einer wirtschaftlichen Spitzenposition in Europa, deren Arbeitskräftebedarf das Angebot an einheimischen Kräften überstieg. In Wirklichkeit war beiden Staaten daran gelegen, einen möglichst großen wirtschaftlichen Nutzen aus der „Ressource Gastarbeiter" zu ziehen, wobei soziale Fürsorge, rechtliche Absicherung, Arbeits- und Wohnbedingungen in den Hintergrund traten.

Das Leben der Migranten war von der Abhängigkeit vom Arbeitgeber in allen Bereichen gekennzeichnet. Eigentlich unakzeptable Zustände mussten hingenommen werden, weil der Gesetzgeber in der Bundesrepublik die Unterbringung den Betrieben überließ und diese die beiden Grundvoraussetzungen für eine Aufenthaltsgenehmigung, nämlich einen Arbeitsplatz und eine Wohnung, als Instrumente zur Steuerung der Migranten missbrauchen konnten. In Ostdeutschland mussten sich Arbeitsmigranten ebenfalls mit ihrer Wohnsituation abfinden, da die Unterbringungsbedingungen in bilateralen Verträgen zwischen den Entsendeländern und der DDR festgelegt waren. Die segregative Unterbringung in Wohnheimen war hier wie da eine wirksame Methode zur Isolierung, Kontrolle sowie Steuerung der Arbeitsmigranten und führte zu sehr ähnlichen Schwierigkeiten. So traten vermehrt psychische Probleme auf und Migranten wurden nach der räumlichen Ausgrenzung auch häufiger Opfer von Diskriminierung und Rassismus.

Die Arbeit war meist an Sektoren wie die Bau- und Metallbranche sowie den Bergbau gebunden, in denen deutsche Arbeiter nur mithilfe von Lohnzugeständnissen hätten eingesetzt werden können. Insofern wurden Migranten auch dazu benutzt, Löhne zu drücken und Streiks zu brechen. Die Bedingungen, unter denen die Arbeit stattfand, war in Ost und West äußerst hart und unterdurchschnittlich bezahlt. In beiden Ländern fand *Cultural Division of Labor* statt, d.h. der Arbeitsmarkt teilte sich an kulturellen Linien. Im Fall der beiden deutschen Länder bedeutete dies eine von den Regierungen intentionierte Konzentration von Arbeitsmigranten in den bereits genannten unteren Sektoren des Arbeitsmarktes. Ein Aufstieg war nur sehr schwer möglich, im Osten bedingt durch die Bindung an einen bestimmten Arbeitsplatz und das Rotationsprinzip, im Westen wegen der strukturellen Benachteiligung ausländischer Arbeiter, die hauptsächlich in

Branchen eingesetzt werden sollten, die sich aufgrund der schlechten Bedingungen nicht mit Deutschen füllen ließen.

6. Literaturverzeichnis

Bade, Klaus J.; Oltmer, Jochen: Normalfall Migration. Bundeszentrale für politische Bildung: Bonn 2004.

Fijalkowski, Jürgen (Hg.): Transnationale Migranten in der Arbeitswelt. Studien zur Ausländerbeschäftigung in der Bundesrepublik und zum internationalen Vergleich. Sigma Bohn: Berlin 1990.

Geißler, Rainer: Die Sozialstruktur Deutschlands. Westdeutscher Verlag: Wiesbaden 2002.

Han, Petrus: Soziologie der Migration. Lucius und Lucius: Stuttgart 2000.

Herbert, Ulrich: Geschichte der Ausländerpolitik in Deutschland. Beck: München 2001.

Krüger-Potratz, Marianne: Anderssein gab es nicht. Ausländer und Minderheiten in der DDR. Waxmann: Münster/New York 1991.

McRae, Verena: Die Gastarbeiter. Daten, Fakten, Probleme. Beck: München 1980.

Münz, Rainer; Seifert, Wolfgang; Ulrich, Ralf: Zuwanderung nach Deutschland. Strukturen, Wirkungen, Perspektiven. Campus: Frankfurt/Main 1999.

Wallraff, Günter: Neue Reportagen, Untersuchungen und Lehrbeispiele. Köln: Kiepenheuer und Witsch 1972.